COPYWRITING

Sommario

CAPITOLO 1

Cosa è il Copywriting e chi è un Copywriter

Il Copywriting è l'atto, o il mestiere, di scrivere testi a scopo pubblicitario. La copia, ovvero il frutto del lavoro del Copywriter, è dunque un contenuto scritto che mira ad aumentare la cosiddetta "consapevolezza del marchio", ovvero la misura in cui i clienti sono in grado di ricordare o riconoscere un marchio in condizioni diverse. Lo strumento del Copywriter è dunque il linguaggio, e il suo mondo è, dunque, piuttosto vasto. Egli contribuisce a creare i prodotti più diversi sulle piattaforme e i supporti più disparati: cartelloni pubblicitari, opuscoli e brochure di presentazione, cataloghi di mostre o di prodotti, testi pubblicitari in riviste, Newsletter e Direct mail in genere, script per la televisione e spot radiofonici, slogan, campagne social media e tante altre tipologie di messaggi e comunicazioni di marketing.

Negli ultimi anni la figura del Copywriter è venuta sempre meglio definendosi e ogni grande azienda che si rispetti ha ormai nel suo organico una o più figure professioniste del linguaggio e della scrittura. Ciò nonostante, soprattutto nelle realtà imprenditoriali di più modeste dimensioni, esiste ancora una diffidenza generalizzata verso il Copywriter professionista. La maggior parte di coloro che lavorano professionalmente nell'e-commerce infatti, si accontenta di sviluppare i propri contenuti senza servirsi di specialisti certificati e di esperienza. La motivazione più comune degli scettici è legata all'inutilità presunta del Copywriter nel contesto di progetti e attività molto piccole. Spendere del denaro, magari 50 o 100 euro per pagina, per potenziare un sito di vendita, è per moltissimi un concetto estremamente lontano dal loro modo di vedere gli affari.

Dietro la scelta di non affidarsi a un Copywriter esistono due ragioni piuttosto comuni: "Chi non è capace a descrivere un prodotto?", pensano in moltissimi; e ancora: "Chi meglio del loro rivenditore conosce le caratteristiche e i dettagli dei beni in vetrina?". L'idea che esistano dei professionisti formati precisamente nella descrizione di prodotti commerciali, a prescindere dalla loro natura e originalità, fa fatica ad essere compresa da tutti gli attori del settore. La convinzione è che benché la pubblicità sia l'anima del commercio, essa è anche parte dello stesso e, dunque, responsabilità del commerciante. Di fatto, chi adopera le parole per lanciare il proprio marchio o la propria attività senza conoscere le leggi del Copywriting non fa altro che sperare. Sperare che il suo messaggio serva allo scopo prefissato, che raggiunga il più vasto pubblico possibile e, soprattutto, sperare che il suo messaggio sia realmente compreso.

I professionisti del Copywriting non sperano che

le loro pagine convertano 2 o 3 punti percentuali in più rispetto alle vendite del periodo precedente il loro intervento; i Copywriter sanno con certezza dove, come e quando intervenire proprio per migliorare la percentuale di conversione. In altri termini, non investire sul linguaggio, o sulla parola se si preferisce, significa lasciare ogni giorno che centinaia di euro, o forse migliaia, finiscano nelle tasche dei concorrenti.

Ma investire sul linguaggio non deve significare esclusivamente assoldare un Copywriter. Chiunque, dotato o meno di talento per la parola scritta, può diventare uno scrittore di contenuti, o di copie appunto. Il segreto in questo caso sta, come è ovvio, nella formazione e nella pratica costante. Aver acquistato questo libro è già un ottimo passo per chiunque abbia scelto di intraprendere questa direzione. L'obiettivo delle pagine che seguono è infatti proprio quello di assicurare al lettore un robusto e potente insieme di strategie di Copywriting. Non solo mostreremo come migliorare la scrittura e le abilità di vendita, ma consiglieremo anche uno schema strategico da seguire per 30 giorni.

CAPITOLO 2

Lavorare sulla lingua scritta

È vero, come abbiamo affermato, che non è necessario possedere particolari doti o talenti per scrivere un buon testo. Tuttavia, sopra ogni altra cosa, padroneggiare le abilità di base della lingua scritta è l'aspetto più importante del Copywriting. Non importa quanto persuasivo un individuo sia verbalmente, se non è in grado di tradurre quelle parole in una scrittura chiara, ponderata e grammaticalmente corretta, i suoi argomenti potrebbero risultare più sgradevoli che attraenti. E questo è precisamente il motivo per cui raccomando di sviluppare le abilità di scrittura di base prima di cercare di approfondire il Copywriting e altre forme di scrittura di vendita.

Cerchiamo dunque di capire come migliorare le nostre capacità di scrittura. Lo studio della grammatica è il minimo e, purtroppo o per fortuna, non vi è alcuna scorciatoia possibile per evitare questo Step 1 del nostro processo di formazione. Potrebbe sembrare paradossale ma quando si tratta di Copywriting nessuno sarà impressionato dalla nostra buona grammatica. A dire il vero, nessuno noterà affatto la nostra grammatica a meno che non sia pessima. Ecco perché apprenderla in maniera solida è il punto di partenza indispensabile per raggiungere il nostro obiettivo. Non si tratta della vetta dunque ma, piuttosto, delle pendici di un monte di cui dobbiamo ancora intraprendere la scalata.

Teniamo a mente un concetto e non scordiamolo mai: se abbiamo un background debole nella scrittura, esiste un'ottima probabilità che i nostri testi siano mal compresi dai lettori. Difficile rendersene conto in prima persona e ancora più difficile può essere ammettere un errore, eppure, ognuno di essi, anche quello che ci pare più minuscolo ed ininfluente, rappresenta un'ombra sul nostro business. Non curare la comunicazione significa non prenderci cura del nostro interlocutore, non garantirgli il rispetto che merita.

Gli errori più comuni sono numerosi: ripetizioni continue di uno stesso termine, ridondanza di un concetto o di un'espressione, soggetti e verbi discordanti, punteggiatura eccentrica, passaggi improvvisi e ingiustificati tra registri linguistici, sovrabbondanza di pronomi relativi e dimostrativi, ecc. Insomma, ad un occhio attento il testo di un dilettante è un covo di orrori, più che errori, grammaticali. Qualcuno potrebbe obiettare che non tutti i clienti sono interessati alla forma più che al contenuto. Certo, è vero, ma se a causa di una vostra informazione inconsciamente comunicata nella forma sbagliata non acquistassero i vostri prodotti? Se, senza neanche accorgervene, un dettaglio errato del vostro testo lo convincesse ad acquistare altrove? Sono timori, questi, che chiunque alle prime armi dovrebbe avere e che dovrebbero essere intercettati attraverso una formazione ed uno studio mirati.

Rispolverare il vecchio manuale di grammatica delle scuole medie, o acquistarne uno al negozio di libri più vicino a casa nostra, è il primo passo da compiere. Vi ricordate cosa è il congiuntivo? Sapete quando usarlo e quando va preferito all'indicativo? Probabilmente no, anche se la vostra esposizione orale sembra essere perfetta, forse è perché avete un ottimo orecchio e, magari, la fortuna di essere circondati da persone con buone capacità oratorie.

Ecco una lista di alcune delle principali problematiche da affrontare prima di mettersi alla tastiera o impugnare una penna

Lessico

Uno dei problemi più comuni dei Copywriter in erba è la loro povertà lessicale, ovvero la mancanza di un vocabolario vasto e preciso. Le cause possono essere numerose ma, la maggior parte del tempo, sono da ricercarsi in una vita quotidiana che non offre gli stimoli necessari a migliorare la comunicazione verbale stessa né, tantomeno, quella scritta. Sono molti infatti coloro che, vivendo e lavorando per tanti anni in uno stesso contesto, si accontentano di un vocabolario ridotto, magari specifico in settori precisi ma molto debole e imperfetto quando si tratta di argomenti di interesse generale, come la politica, l'economia, l'attualità o la cultura. Il numero di parole usate quotidianamente da questi individui è spesso circoscritto alle azioni ed ai concetti che essi affrontano più spesso durante la giornata. Ne deriva dunque un bagaglio lessicale misero e un'incapacità, che è possibile constatare anche al semplice ascolto, a trovare termini specifici, sinonimi o contrari adatti a precisare le varie situazioni della vita. Coloro che hanno bagagli lessicali miseri subiscono le conseguenze anche e soprattutto a livello di pensiero e di logicità dello stesso, oltre a riscontrare difficoltà a seguire ragionamenti leggermente più complessi e articolati della norma. Come è ovvio, la parola scritta mette in risalto esattamente queste difficoltà.

Non vi sono esercizi specifici, al di là di quelli basilari sul potenziamento lessicale che possiamo recuperare da qualsiasi manuale di grammatica o eserciziario online. La verità è che, come vedremo anche oltre in queste pagine, l'unica maniera per apprendere parole nuove è sforzarsi di aguzzare le orecchie e la vista ogni qual volta ci paia di aver inteso, o letto, un termine del quale non conosciamo il significato. Al contempo, sarà necessario abbandonare a poco a poco alcune delle vecchie e malsane abitudini comunicative, come termini o espressioni derivanti magari dal dialetto locale, e sostituirle gradualmente con parole più corrette e precise.

Non esitiamo a consultare i dizionari della lingua italiana ogni qual volta ve ne sia necessità. Leggere e comprendere la definizione di un termine è il modo migliore per memorizzarlo e poterlo subito utilizzare.

Capacità argomentative

Nella comunicazione verbale abbiamo a disposizione una serie di strumenti da affiancare alla parola che, nel linguaggio scritto, non possediamo. Ad accompagnare le parole che pronunciamo, in effetti, intervengono spesso le nostre mani, a disegnare contorni di oggetti nell'aria o a indicare un nostro preciso stato d'animo. Non solo, la nostra voce può essere modulata a piacimento, nel volume e nel tono, per sottolineare alcune parole o espressioni precise. Quando scriviamo un testo, al contrario, gli unici strumenti che possediamo sono le lettere e i vari segni grafici che separano parole e frasi. Così, se vogliamo far comprendere il senso di ciò che raccontiamo ai nostri lettori, dobbiamo forzatamente adottare una forma intellegibile che segua degli schemi precisi, universali e precisamente codificati. Le regole di una lingua saranno quindi preziose non solo da un punto di vista estetico, ma anche e principalmente da un punto di vista puramente comunicativo: se il nostro testo è linguisticamente scorretto, il nostro destinatario non capirà il nostro messaggio, il che è quanto di più grave possa accadere ad un Copywriter.

Errore comune dei principianti della scrittura è il non prestare attenzione alla forma e, di conseguenza, al contenuto dei loro testi. Sono molti coloro che non rileggono attentamente ciò che hanno appena finito di scrivere, considerandola un'azione oziosa, quasi una perdita di tempo. Di fatto la rilettura è uno dei momenti più importanti della scrittura. Una lettura lenta a posteriori del nostro elaborato ci permette in effetti di chiederci se quanto abbiamo prodotto possa o meno essere compreso dai lettori. Lavorando correttamente, ci troveremo a tagliare intere frasi, a modificarne profondamente di altre, a cercare sinonimi per evitare ripetizioni, a sostituire le espressioni poco chiare o troppo complesse con altre più semplici e meno fraintendibili.

Il più delle volte una scarsa capacità argomentativa è da attribuire ad uno scarso impegno di rilettura. Ci si accontenta di aver più o meno espresso il nostro pensiero senza concretamente verificare di averlo fatto nel modo corretto e, dunque, comprensibile. È importante invece, soprattutto quando si è alle prime armi, rileggere costantemente quanto si è appena scritto chiedendosi se rispetta realmente il nostro pensiero, ovvero se siamo riusciti a spiegare in maniera esatta ciò che volevamo nel rispetto, chiaramente, delle regole linguistiche.

Può accadere spesso di non riuscire a far quadrare una frase o un periodo neanche dopo attente riletture e modifiche. In questi casi occorre sempre domandarsi se il concetto che intendiamo esprimere sia realmente chiaro nella nostra mente: sappiamo di cosa stiamo parlando? Conosciamo esattamente il significato di ogni parola che abbiamo scritto? Se le risposte saranno negative, è evidente che dovremmo informarci meglio sul nostro soggetto. Più chiaro sarà esso nel nostro cervello più chiaro sarà anche sul foglio. Al contrario, ad una comprensione parziale di un argomento, corrisponderà un testo dalla logica fiacca e da una forma contorta e difficilmente comprensibile.

Logica

Un testo scritto, che sia corto come una frase o lungo come un romanzo, deve possedere una logica interna. Si tratta di un concetto molto simile a quello esposto nel precedente paragrafo, ma piuttosto che alle capacità argomentative tout court, si riferisce all'ordine logico delle parti che compongono un testo: un messaggio scritto, perché sia compreso dal destinatario, deve essere pensato come una vera e propria espressione algebrica in cui, se si intende ottenere il risultato corretto, si è tenuti a svolgere le operazioni nell'ordine esatto, ovvero le moltiplicazioni e divisioni in ordine di apparenza prima delle addizioni e sottrazioni. Se si invertono le regole, per ovvie ragioni, si otterrà un risultato errato. Alla stessa maniera, le parole non possono essere mischiate casualmente così come, magari, arrivano alla nostra penna. In un'ottica più vasta, lo stesso deve avvenire con le frasi e i periodi che compongono i nostri paragrafi, capitoli e libri.

Ogni concetto espresso nel nostro testo deve essere logicamente collegato al precedente e al successivo. Ogni termine che adoperiamo, ogni segno di interpunzione, ogni dettaglio insomma, deve aiutarci a raggiungere tale scopo. Così, avverbi e congiunzioni la cui importanza è spesso sottovalutata, rappresentano assieme ai punti e alle virgole la struttura portante della nostra opera, i punti di riferimento che soli possono aiutare il lettore a orientarsi fra le nostre parole. Senza di essi, o attraverso un loro uso errato e confusionale, il destinatario del nostro messaggio avrà difficoltà a comprendere la relazione tra le parole che noi abbiamo scritto, la subordinazione di un concetto rispetto ad un altro e, in una parola, il senso di ciò che vorremmo comunicare.

Pensiamo ai segni di interpunzione come alle pause che compiamo quando ci esprimiamo verbalmente e intendiamo separare due concetti o sottolineare una parola o un'espressione precisa. Se necessario, e si consiglia soprattutto ai principianti, leggiamo i nostri testi ad alta voce ed ascoltiamoci con attenzione. Ci renderemo conto, così facendo, che ognuno di noi è naturalmente portato a fare delle pause, brevi o lunghe che siano, per prendere fiato e organizzare il proprio pensiero. Ebbene, quelle pause si rappresentano graficamente proprio con le virgole, i punti, i punti e virgola o i due punti. In maniera generale si ricordi che la virgola corrisponde ad un'interruzione molto breve, il punto e virgola ad una un po' più lunga, il punto ad una vera e propria pausa che, all'occorrenza, ci può permettere di introdurre un nuovo argomento.

Struttura

Se la logica del testo è importante, la sua struttura lo è ancora di più. L'indice o il piano di lavoro sono le fondamenta di ogni manoscritto e, come tali, devono essere concepite e costruite prima di ogni altra cosa. È assolutamente corretto affermare infatti, che ogni buon scrittore conosce la fine dei suoi libri prima ancora di scriverli. Anche se può apparire un'attività noiosa e uno sforzo inutile, nessuno scritto può nascere senza un'attenta riflessione che lo precede.

Il Copywriting ha delle regole rigide ed è particolarmente importante che questo sia compreso alla perfezione. Un Copywriter ha l'obbligo di scegliere attentamente non solo le parole che lo aiuteranno ad esprimere i concetti scelti, ma anche l'ordine in cui questi concetti dovranno essere presentati ai lettori affinché essi possano comprenderli correttamente. La struttura del testo sarà dunque la sua primissima preoccupazione una volta terminate le ricerche del materiale bibliografico utile al suo scopo. Se dovessimo scrivere la recensione di un film TV dalla trama intricata, ci converrebbe prima descrivere i personaggi principali o concentrarci invece sulla storia prima di tutto il resto? Quale che sia l'opzione scelta, è evidente che i due argomenti siano differenti e che debbano dunque essere trattati separatamente. Ci concentreremo dunque su uno di essi tenendo a mente ciò di cui andremo a parlare di seguito. Come in due grandi insiemi non mischieremo dunque gli oggetti di uno e dell'altro, ma li terremo attentamente divisi in modo da facilitarne la comprensione individuale ed organica.

È possibile concepire la struttura di un testo come una serie di domande da noi stessi pensate e alle quali ci accingiamo a dar risposta. Riprendendo l'esempio della recensione del film TV, vediamo come potremmo ideare una eventuale struttura in tre punti:

1. I personaggi: chi sono i protagonisti? Chi è l'antagonista? Dove vivono? Che lavoro fanno? Cosa sappiamo della loro vita privata? Che carattere ha il protagonista e quale l'antagonista?

2. La trama: qual è il filo conduttore degli avvenimenti e in che ordine si succedono secondo il regista o lo sceneggiatore? Quali le cause delle azioni dei personaggi? Che conseguenze per ognuno di loro? Come si concludono gli avvenimenti?

Rispondendo a semplici domande create ad hoc per l'occasione, saremo in grado di scrivere almeno una o due frasi per ognuna di esse, ciò che sarà un'ottima base di partenza per il nostro testo. Non ci resterà dunque che collegare in seguito tutte le nostre risposte, facendo attenzione al lessico, alla logica e all'ortografia, evitando facili invasioni di campo tra gli argomenti, o gli insiemi. In tal maniera avremo la certezza di aver detto tutto ciò che era nostro dovere dire e, soprattutto, di averlo detto correttamente. Inoltre, la sintesi dell'insieme delle domande in un'unica formula che racchiuda tutti i concetti espressi, ci permetterà anche di formulare uno o più titoli adatti per il nostro testo.

Ortografia

Non esiste forse niente di più orrendamente fastidioso per un lettore, forse anche più di un testo dalla logica debole, degli errori ortografici. Doppie mancanti o in surplus, accenti e apostrofi assenti o confusi fra loro, maiuscole dimenticate, punteggiatura insensata e parole incomplete, sono gli errori commessi più comunemente dai principianti. Se nel campo editoriale questi, per così dire, errori, sono ben noti come refusi, aggiustabili quindi con una o più letture a posteriori, nel mondo del Copywriting indipendente essi divengono degli errori permanenti che molto spesso rimangono a far parte dei siti web e dei blog per tutta la durata di vita degli stessi.

Ovviare a problemi di questo tipo è piuttosto semplice e, a ben vedere, porre rimedio ad un'ortografia zoppicante può rivelarsi un'azione estremamente profittevole per un Copywriter. Al giorno d'oggi esistono semplici correttori che ognuno di noi può facilmente e gratuitamente possedere, lo stesso Microsoft Word ne offre uno tra le sue funzioni di base, e che aiutano a scorgere gli errori ortografici più minuti. Abituiamoci sempre ad usarne uno, anche se il nostro compito è solo quello di scrivere una frase di dieci semplici parole: è proprio in questi casi, quando cioè il testo da redigere è molto corto, che dobbiamo prestare la massima attenzione. Stesso discorso andrà fatto per chi redige i propri testi a mano con carta e penna. Se in quel caso non potremmo servirci di un correttore digitale, avremmo sempre a disposizione uno o più dizionari che consulteremo di volta in volta per verificare i nostri dubbi.

Lo stile batte la grammatica

Quando si tratta di Copywriting una buona grammatica è il minimo indispensabile e non esistono scorciatoie in tal senso. Per quanto sia fortemente consigliabile, soprattutto per chi sente di essere particolarmente debole in ortografia e sintassi, lo studio di un buon manuale di lingua italiana, ci pare tuttavia necessario sottolineare come i migliori scrittori non siano per forza anche degli ottimi insegnanti di grammatica. Quel che è certo, è sostanzialmente che essi sono dei formidabili lettori e degli eccellenti riproduttori.

La lettura è alla base di una buona scrittura. Molti dei più grandi scrittori noti nel mondo hanno confessato di leggere decine di libri ogni mese, di aver divorato intere librerie o biblioteche di quartiere alla ricerca di una parola, di un'ispirazione, di una storia che valesse la pena raccontare. Grazie alle continue letture, uno scrittore inventa il suo stile e lo perfeziona continuamente, innamorandosi di quello di qualcun altro, desiderando regalare ai propri elettori le stesse emozioni che lui stesso ha provato.

Sia che si tratti di un testo narrativo che di uno prettamente pubblicitario o tecnico, lo stile del Copywriter è tutto ciò che lo distingue da un altro. Migliorare la nostra grammatica non sarà sufficiente per convertire visite in vendite e contatti poiché un titolo grammaticalmente impeccabile non è in grado da solo di convincere un visitatore a continuare la lettura. Quando si tratta di migliorare un tasso di conversione, lo stile - non la grammatica - è la chiave di volta. Se il nostro stile è debole, goffo o disorganizzato, i nostri lettori smetteranno di prestare attenzione alle nostre parole e alla fine abbandoneranno la lettura. Se saremo invece

zchiari e avvincenti, nessuno potrà staccare gli occhi dai nostri manoscritti. Ed è per questo che dobbiamo fare uno sforzo per migliorare il nostro stile oltre alla nostra grammatica.

Una cosa è certa, i miglioramenti di stile non avvengono magicamente e, al contrario di come molto spesso si pensi, non hanno niente a che vedere con il talento. Così come per le regole di grammatica, apprendere uno stile, farlo nostro, è questione principalmente di pratica. Ecco alcuni consigli che potrebbero esservi utili per iniziare a lavorarci:

1. Scegliamo un autore, uno che sia in grado di emozionarci e tenerci incollati alle sue parole; cogliamo le particolarità della sua scrittura: in cosa si distingue da tutti gli altri? In che maniera è capace di affascinarci?

Una volta che saremo riusciti a carpire quanti più segreti possibile, cimentiamoci subito nella creazione di un nostro proprio testo, magari scegliendo una tematica affine a quella del nostro scrittore guida.

Mettiamo alla prova quello che abbiamo imparato anche se ci rendiamo conto che ci costringe a rivoluzionare completamente la nostra maniera di scrivere.

2. Leggiamo con un'ottica differente i testi altrui. Iniziamo a chiederci regolarmente quali sono le particolarità dello stile degli autori che ci capita di leggere per lavoro, svago o altro.

Abituiamoci a calarci nei panni degli altri, a capire quali metodi e astuzie hanno utilizzato per scrivere di questo o di quell'altro argomento, quali difficoltà possono aver incontrato nell'argomentare un concetto complesso o nel raccontare una storia intricata.

3. Lavoriamo sui nostri periodi. Al di là di leggere con attenzione i lavori di altri, attività fondamentale per ogni Copywriter, e di emularne gli stili, è possibile anche dare un tocco di novità ai nostri propri testi e alla nostra maniera di redigerli attraverso un piccolo accorgimento formale che può essere attuato in

maniera semplice e rapida. Se, per esempio, abbiamo l'abitudine di strutturare periodi complessi, lunghi, ricchi di avverbi, punteggiatura e congiunzioni, proviamo ad accorciarli, magari sostituendo alcune virgole con dei punti fermi, o eliminando concetti già noti e ridondanti.

Al contrario, se siamo abituati a formulare il nostro discorso sulla base di periodi semplici e brevi, sforziamoci di estenderli, di legare le parole in maniera più articolata del solito. In questo modo non solo ci renderemo facilmente conto di quello che è una delle particolarità del nostro stile, ovvero la lunghezza e la semplicità o complessità dei nostri periodi ma, soprattutto, ci alleneremo a correggere noi stessi, offrendo alla nostra mente delle vie sicure da seguire quando si tratta di cercare nuove soluzioni, correggere o editare in futuro.

4. L'introduzione è fondamentale. Per quel che riguarda l'incipit di un testo esistono due scuole

di pensiero: c'è chi preferisce menzionare l'obiettivo ultimo del suo lavoro fin dalla prima frase e chi, invece, sceglie di tenere il lettore sulle spine fino alla parte centrale del testo. Come è ovvio, a queste due scelte corrispondono due introduzioni ben differenti che ben si adattano a testi di diversa natura. In ambito scientifico, per esempio, è fondamentale menzionare immediatamente l'obiettivo delle ricerche al fine di permettere al lettore, specialista o meno, di apprezzare meglio la metodologia adottata per raggiungere i risultati prefissati.

Esistono in tal senso gli abstract, ovvero i piccoli riassunti, molto spesso in lingua inglese, che precedono e sintetizzano obiettivi, metodologie e risultati di un testo scientifico. In altri settori, come quello delle nuove tecnologie o dell'abbigliamento sportivo, sarà invece importante occuparsi in prima istanza di spiegare le novità del nostro prodotto rispetto a quelli passati dello stesso genere.

Qualunque sia l'obiettivo del Copywriter, la prima frase del suo testo dovrà dire al lettore tutto ciò che deve sapere.

5. Cura i lineamenti del tuo testo. Potrebbe forse sembrare un aspetto inutile o marginale, eppure i lineamenti di un testo, la sua silhouette, sono un elemento importante che caratterizza lo stile di un Copywriter.

Alcuni amano andare a capo ogni due o tre frasi, introducendo così ad ogni capoverso un nuovo argomento, ben distanziato dal precedente sia graficamente che a livello di contenuti.

Altri, invece, preferiscono scrivere una frase dopo l'altra andando a capo solo quando le impostazioni del programma di scrittura obbliga a farlo.

Il primo metodo è senz'altro quello che consigliamo di adottare ai principianti, ma non solo. Lavorando per compartimenti stagni, per così dire, è più semplice infatti mantenere l'ordine tra le parole e le idee evitando così inutili confusioni a chi legge. Inoltre, tale metodo ci permette di seguire facilmente la struttura del testo che abbiamo previsto e, di conseguenza, essa diviene più intellegibile anche per i nostri lettori.

Le nostre frasi, inoltre, acquisteranno senz'altro più potenza visiva.

6. Evitiamo avverbi, pronomi e congiunzioni laddove è possibile. Parole e locuzioni come "veramente", "molto", "tanto", "il quale", "che", "poiché", "giacché" e altre, appesantiscono i nostri testi e dovremmo usarle il meno possibile, sostituendole magari con segni di interpunzione o, semplicemente, eliminandole tout court. Facciamo questo esercizio in maniera automatica al momento della rilettura, chiediamoci cioè quali sono le parole di troppo e scegliamo di mantenere solo quelle strettamente necessarie al nostro ragionamento e ai nostri scopi.

Questa pulizia, ci renderemo conto, è fondamentale per la buona riuscita di un testo, che sia esso lungo o corto. In breve tempo, presa l'abitudine di rileggere attentamente e ripulire, potremmo notare come la nostra mente, in maniera automatica, ci porterà gradualmente a riflettere facendo economia dei termini inutili.

CAPITOLO 3

Capire il pubblico di riferimento e vendere

Una delle parti più importanti di una buona scrittura è legata alla conoscenza del nostro pubblico. Molti Copywriter alle prime armi tralasciano questo importante aspetto, magari concentrati nella grammatica e nello stile dei loro testi. In realtà però, conoscere i nostri lettori, comprendere i loro gusti e bisogni, è la chiave per poter concretizzare ottimi risultati, commercialmente parlando. Possiamo essere persuasivi solo quando sappiamo quali sono i gusti di chi ci legge, altrimenti ci è pressoché impossibile.

Se non riusciamo a parlare alle persone che stanno leggendo il nostro testo commerciale allora è fortemente improbabile che la nostra campagna abbia successo, non importa quanto persuasivi crediamo di essere stati.

Sfortunatamente, questo errore può essere fatale, almeno per quanto riguarda i tassi di conversione. Per ovviare al problema è opportuno parlare sempre ad una persona specifica, immaginaria si intende, ma con dei connotati culturali, e quindi un linguaggio, molto precisi. Il pensiero di parlare a qualcuno che conosciamo, come fosse un nostro amico, ci aiuterà infatti a trovare la forma e le parole più adatte per recapitare correttamente il nostro messaggio.

Un buon Copywriter deve sempre ragionare in una maniera precisa in fase di concepimento dell'opera nei riguardi del suo pubblico. Ecco qualche consiglio a questo proposito prendendo come riferimento testi ad obiettivo commerciale:

Step #1: Ricerca del pubblico

Prima di creare qualsiasi prodotto è fondamentale compiere una ricerca di mercato. Questa ci permetterà di scoprire chi acquista il preciso tipo di prodotto che intendiamo vendere e quali caratteristiche e benefici sono i più richiesti dal consumatore. Teniamo a mente che, se si è già iniziato a vendere un prodotto, allora avremo anche la possibilità di sollecitare tali informazioni direttamente ai nostri acquirenti. Per esempio potremmo pensare a inviare un sondaggio agli iscritti alla nostra lista o, ancora, potremmo offrire uno sconto sul nostro prossimo prodotto a coloro i quali siano disposti a fornirci un feedback sulla nostra pagina e i nostri progetti.

Oltre a condurre indagini sulla clientela esistente, andremo anche a visitare i forum nella nostra nicchia di mercato.

Ogni buon Copywriter ha tra i suoi preferiti nel

browser di ricerca i forum più rilevanti per i settori di suo interesse. Una volta individuato un certo numero di pagine di discussione promettenti, inizieremo a leggerne effettivamente i contenuti per scoprire cosa pensano i consumatori del nostro prodotto.

Cerchiamo di capire come si sentono le persone che lo hanno già acquistato e intercettiamo i dubbi e le necessità di coloro che sono intenzionati a farlo.

Non dimentichiamo di prendere costantemente appunti sui nostri potenziali clienti, sulle loro personalità, i loro obiettivi, le loro idee e le ragioni che li potrebbero spingere ad acquistare il nostro prodotto.

Notiamo nei forum qualche dettaglio particolare che viene fuori frequentemente quasi in ogni discussione?

Se sì, andiamo ad aggredire precisamente quel dettaglio, enfatizzandolo se è positivo o collocandolo in una posizione ininfluente, quasi a margine dei nostri testi.

Step #2: Scriviamo solo per il nostro pubblico

Capire qual è il nostro pubblico non significa automaticamente essere in grado di scrivere per lui. Questo genere di lavoro, infatti, richiede molta attenzione e concentrazione poiché ogni singolo termine dovrà essere attentamente ponderato.

Partiamo dai nostri appunti e concentriamoci sull'immagine di un singolo individuo che chiameremo il nostro cliente tipo. Focalizziamoci sui suoi interessi e indaghiamo sulle ragioni che lo potrebbero spingere a comprare proprio il nostro prodotto: lo intenderà come un investimento o, piuttosto, come uno sfizio? Ne avrà bisogno per aumentare il suo reddito, magari per lavorare meglio o, al contrario, ha già un reddito così elevato che non ha bisogno di badare a spese? In che maniera il prodotto migliorerà la sua vita? Lo aiuterà ad avere l'ammirazione degli amici, della moglie, dei figli? Potrà godersi meglio il suo tempo libero? Questi sono tutti aspetti importanti da tenere ben in considerazione quando creeremo una descrizione del nostro cliente tipo.

Sempre grazie ai nostri appunti, scriviamo ora una lista di benefici che il nostro amico vorrebbe ottenere con il nostro prodotto e teniamola sotto i nostri occhi in fase di redazione delle copie. Menzioniamo ripetutamente i benefici che il nostro target troverà allettanti e, se fatto correttamente, scopriremo che i lettori si collegheranno sempre più alle nostre pagine con significativi aumenti nelle vendite.

Scrivere per vendere

Un aspetto che molti bravi Copywriter non capiscono, è che scrivere per vendere e scrivere un saggio non sono affatto lo stesso esercizio. Certo, i buoni saggi devono essere persuasivi e ben scritti, ma se fossero scritti nello stile di una lettera di vendita la maggior parte dei lettori li troverebbe sgradevoli. Non deve quindi sorprendere che lo stesso si possa dire degli articoli per la vendita scritti come saggi: sarebbe inimmaginabile spiegare ai potenziali acquirenti i pro e i contro di un prodotto che intendiamo vendere, e ciò non ha niente a che vedere la parzialità o l'imparzialità del nostro lavoro. L'opera di un Copywriter deve essere energetica, diretta e convincente. Deve afferrare immediatamente l'attenzione del lettore e costringerlo a pensare ad un argomento preciso in favore del nostro prodotto; un buon articolo non è solo un buon pezzo di scrittura, ma un testo potentemente persuasivo che non fa prigionieri e si concentra strettamente su attirare, sedurre i consumatori e poi chiudere le vendite.

Quindi, se avete articoli pubblicati che, vi rendete conto, mancano di vitalità e potenza, mettetevi subito al lavoro per sistemarli. Non lasciate semplicemente che i visitatori si presentino e se ne vadano senza convertire; correggete le debolezze e rafforzate i vostri testi finché non saranno perfetti. Ecco 8 consigli che possono esservi utili in tal senso:

1. Siate diretti. Quando state scrivendo un saggio o un pezzo di narrativa, l'intelligenza e il linguaggio fiorito possono impressionare il lettore. Tuttavia, quando si tratta di vendite, la comunicazione vince su tutto il resto. Dite al vostro lettore esattamente cosa state vendendo, esattamente quello che costa ed esattamente perché deve comprarlo.

2. Servitevi di frasi e paragrafi brevi. Oggi è comune riferirsi a questo tipo di scrittura come

ideale per "lettori di Internet", adatta cioè al tipico navigatore di tutti i giorni che non ha il tempo, né molto spesso la voglia, di imbattersi in giganteschi muri di testo. Il pubblico vuole qualcosa che sia leggero e leggibile. E questo è esattamente ciò che un Copywriter deve produrre.

3. Non cercate di mantenere la scrittura uniforme per tutta la lunghezza dell'articolo. Concentratevi invece su cose diverse in parti diverse: all'inizio cercate di catturare l'attenzione del lettore; nel mezzo mostrate i benefici del vostro prodotto e, verso la fine, esercitate molta pressione sul lettore affinché compri e subito.

4. Usate frequentemente le liste. Se si vanno a leggere i blog e gli scritti dei Copywriter di successo, si potrà facilmente notare come la maggior parte di essi giuri sulla potenza dei punti elenco. La ragione è semplice: i punti elenco trasmettono una grande quantità di

informazioni in un formato che è scannerizzabile e piacevole da leggere.

5. Grassetto, corsivo ed evidenziazione. In un saggio sarebbe considerato di cattivo gusto sottolineare e mettere in evidenza particolari termini a discapito della loro spiegazione logica. In un articolo di vendita questo è un must assoluto. Il grassetto, il corsivo e l'evidenziazione, permettono infatti di ordinare ai lettori su cosa devono concentrare la lettura o, in alternativa, su cosa non è invece così terribilmente importante.

6. Usiamo i sottotitoli. I sottotitoli permettono di dividere l'articolo in diversi parti. Questo assicurerà che i nostri lettori siano in grado di seguire il nostro flusso di pensiero.

7. Lavora su affermazioni shioccanti e controverse, e poi sostienile. Fai un'affermazione grande e vera sul tuo prodotto e poi dimostra quanto è vero ciò che dici.

8. Evitare l'introspezione. Quando si tratta di vendite, il nostro obiettivo dovrebbe sempre essere quello di pensare e mirare al lettore. Cerchiamo quindi di rimanere fuori dalla nostra testa e concentriamoci su ciò che il lettore sta pensando.

Scrivere buoni titoli

Il titolo può invitare i consumatori a leggere il nostro articolo e a visitare le nostre pagine o, se scritto male, può allontanarli per sempre. Quando un lettore arriva per la prima volta sul nostro portale, inizialmente leggerà il titolo, che con ogni probabilità sarà collocato in alto, al centro della pagina in un grande carattere in grassetto, rosso o blu scuro. Prima che un potenziale acquirente cada sotto l'influenza della nostra persuasione, prima di comprendere se ha bisogno o meno del vostro prodotto, leggerà quelle parole introduttive. Se saranno avvincenti continuerà a leggere, statene certi, anche solo per soddisfare la sua curiosità. Se il titolo è buono, ma non eccezionale, il lettore potrebbe sentirsi obbligato a continuare la lettura. Se il titolo è mediocre deciderà rapidamente che nulla di buono potrà venir fuori dalla lettura del resto e chiuderà felicemente la pagina.

Un Copywriter non può permettersi di scoraggiare i propri lettori prima ancora che si addentrino nei loro testi. Deve anzi essere in grado di afferrarli presto e con fermezza, in modo che non abbiano alcun interesse a scappare e siano costretti dal desiderio o dalla curiosità a non distogliere lo sguardo. Questo è esattamente ciò che un buon titolo potrà fare per voi.

Quando si tratta di scrivere un buon titolo la tecnica è importante. Infatti, potrà sembrare strano, ma i migliori titoli spesso derivano da formule, piuttosto che da pura creatività, ed è per questo motivo che è importante sapere quali sono queste formule. Eccone dieci da mettere subito in pratica.

1. Usiamo trigger psicologici. Si tratta di parole sciocanti, esplosive, segrete e gratuite concepite affinché sortiscano l'effetto di attivare la mente del consumatore generando in lui interesse particolare.

2. Manteniamo i titoli corti e chiari. Idealmente, un buon titolo dovrebbe lasciare i lettori a desiderare di più, non a desiderare che ce ne sia di meno. Scriviamo frasi brevi, nitide e intriganti, piuttosto che lunghe, noiose e complicate.

3. Affidiamoci a formule. Piuttosto che provare qualcosa di sperimentale e creativo, introducete il titolo con qualcosa di semplice ma diretto, come "Ti piacerebbe..." o "Sapevi che 9/10 dei commercianti non hanno mai...". Assicuriamo poi di completare la frase in un modo che sia scioccante o intrigante.

4. Apriamo la nostra headline con frasi di questo tipo: "Metti fine al tuo problema una volta per tutte!". È succinta, chiara e arriva al cuore della questione: i lettori hanno un problema e noi abbiamo la soluzione.

5. Evitare di disinformare intenzionalmente. Quando il tuo unico obiettivo è quello di ottenere visualizzazioni delle pagine, può avere senso

creare titoli che siano fuorvianti, magari basati su giochi di parole più che su reali contenuti. Basti vedere qualsiasi versione online di un grande giornale per rendersi conto dell'efficacia dei depistaggi. Tuttavia, quando si scrive per vendere, questa non è una tattica consigliabile. Il nostro obiettivo è infatti quello di chiudere l'affare, non di favi leggere tout court. Non inganniamo dunque i potenziali clienti facendogli credere che troveranno qualcosa di diverso per poi deluderli quando invece dovresti chiudere una vendita.

6. Dichiariamo il più grande beneficio che il nostro prodotto possa offrire. Per esempio, diciamo che il nostro prodotto aiuterà i webmaster ad ottenere più traffico e, più specificamente, permetterà loro di migliorare le loro SERP su Google di 1-2 pagine per parola chiave, fino alle 500.000 ricerche al mese.

7. Scriviamo il nostro titolo alla maniera di un titolo di giornale. Per esempio: "Donna

californiana inventa una strategia per quadruplicare il traffico organico del vostro sito in meno di due settimane!".

8. Iniziamo il titolo con "Come fare per...". Può sembrare semplice, ma è veramente una delle migliori formule per mantenere l'interesse dei lettori.

9. Usiamo la parola "tu" almeno una volta nella headline. Parlare ai lettori direttamente li attirerà nella vendita e li renderà più propensi a continuare a leggere dopo il titolo.

10. Usiamo un carattere grande, in grassetto, rosso o blu scuro per il titolo. Il blu scuro ha dimostrato di mettere i lettori a proprio agio; e spesso li induce a rimanere sulla pagina più a lungo. Il rosso, d'altra parte, alza leggermente la pressione sanguigna e spinge le persone ad agire.

Un buon Copywriter dovrebbe provare a mescolare e abbinare queste tecniche di headline-writing. Osserviamo ciò che funziona meglio per noi nel tempo e manteniamo quella parte produttiva del titolo. Inoltre, scopriamo cosa non funziona e scartiamolo. Più saremo in grado di identificare e scartare i punti deboli dei nostri titoli, più essi garantiranno visite e conversioni. Come copywriter, una delle cose più utili da fare è creare un file di testo contenente tutti i nostri titoli. Questo ti darà una migliore possibilità di capire quali sono utili e perché.

CAPITOLO 4

Trucchi e strategie per aumentare i tassi di conversione

Oltre ad usare le strategie che ho delineato sopra, dovremmo anche dedicare del tempo a testare e monitorare i nostri risultati. Senza condurre test adeguati alla misurazione, non avremo i mezzi per determinare se è come il nostro articolo di vendita stia veramente funzionando.

Tracciare e testare i risultati è veramente un processo semplice, ma fatto male, i suoi risultati saranno inutili. È perciò importante che seguire un processo in quattro fasi così come delineato di seguito:

Step #1: Definiamo attentamente il nostro esperimento

Quando si tratta di ottenere un risultato scientifico valido, il nostro approccio dovrebbe sempre coinvolgere cambiamenti graduali e mirati, e dovrebbe tentare di mantenere tutto il resto costante. Per esempio, se decidiamo di cambiare tre parole nel nostro titolo, allora cambiamo solo quelle e poi monitoriamo i risultati per determinare se il nostro tasso di conversione è aumentato o meno. Se, d'altra parte, apportiamo ulteriori cambiamenti al corpo del testo e al titolo, potremmo non riuscire a separare ragionevolmente i due effetti diversi. Potrebbe anche darsi che uno stia contribuendo negativamente e l'altro stia contribuendo positivamente. Utile in tal senso, scrivere due titoli ben distinti per uno stesso prodotto e testare quale dei due ottiene i risultati migliori.

Step #2: Manteniamo tutto il resto costante

Quando si tratta di ottenere risultati affidabili e scientifici, tenere tutto il resto costante è fondamentale. Se le condizioni in cui vengono eseguiti i due esperimenti sono diverse, allora non sarà mai chiaro cosa sta guidando i risultati. Per esempio, un elemento che potrebbe confondere i nostri risultati è la qualità del traffico. Se usiamo la pagina di vendita sulla home page del nostro sito per testare e tracciare risultati, ma, man mano, aggiungiamo altre fonti di traffico, allora non avremo mai chiaro se i nostri risultati sono guidati dalla qualità del traffico o dai cambiamenti nel titolo.

Step #3: Raccogliere grandi campioni

Quando si tratta di monitoraggio e test abbiamo sempre bisogno di grandi campioni. Non è sufficiente guardare il tasso di conversione generato da 30 visitatori e non è saggio poi trarre conclusioni sulla base di questo. Come minimo, dovremmo aspettare che diverse centinaia di visitatori atterrino sulla nostra pagina e rispondano al cambio di copia prima di prendere qualsiasi decisione. Questo ci assicurerà di star procedendo nella giusta direzione.

Step #4: Prendere una decisione

Una volta che i risultati sono arrivati, è il momento di prendere una decisione. Guardiamo i tassi di conversione generati dalle due versioni della pagina di vendita e poi decidiamo se i risultati sono sufficientemente forti da meritare un cambiamento. Se lo sono, apportiamo il cambiamento e passiamo al prossimo test.

Ora possedete una potente strategia per valutare la qualità dei vostri stessi progetti. Mettetela al lavoro ogni volta che modificate un articolo di vendita e sarete piacevolmente sorpresi dai vostri risultati.

Trucchi per aumentare i tassi di conversione

Quando si tratta di Copywriting, il nostro obiettivo primario dovrebbe essere quello di convertire i lettori in acquirenti. Se il nostro tasso di conversione è dell'1%, allora dovremmo puntare al 2% e, se è del 2%, allora dovremmo puntare al 3%. Spingiamo noi stessi a migliorarci continuamente e vedremo che i risultati ci ripagheranno in margini di profitto sempre più consistenti.

Di seguito, considererò alcuni dei metodi che possiamo usare per aumentare i nostri tassi di conversione e, in generale, per spremere più denaro da ogni articolo di vendita.

I punti elenco

Se andassimo a parlare con la maggior parte dei Copywriter esperti, ci diranno che i punti elenco dovrebbero essere una parte prominente di qualsiasi articolo pensato per la vendita. Non importa se il testo è corto o lungo, i punti elenco riescono a compiere il lavoro meglio di qualsiasi altro artificio. Essi forniscono ai nostri lettori un mezzo semplice, uno specchietto riassuntivo quasi, per catturare un sacco di informazioni senza dover guardare attraverso una scrittura densa.

Oltre ad usare semplicemente i punti elenco con frequenza, si dovrebbe anche cercare di usarli nel modo giusto. Di seguito, una breve lista di modi in cui potete usare i punti elenco nel vostro testo e che dovrebbero aiutarvi ad aumentare significativamente i tassi di conversione:

1. Mantenere i punti elenco brevi. Se i vostri punti elenco sono in realtà paragrafi, state

facendo qualcosa di sbagliato. L'obiettivo dovrebbe essere quello di riassumere, non quello di espandere i benefici e le caratteristiche importanti del nostro prodotto

2. Alternare i punti elenco in grassetto e non in grassetto. I grandi Copywriter usavano spesso questa tecnica e sostenevano che rende più facile per i lettori la digestione di ogni punto elenco.

3. Comunicare solo un'idea per punto. I punti elenco funzionano meglio quando sono brevi e concisi, quindi evitate punti elenco lunghi e composti da più frasi.

4. Se avete diversi paragrafi grandi e densi che contengono molti pensieri, spezzateli in blocchi più piccoli di punti elenco. Questo migliorerà la leggibilità e il flusso del nostro articolo in generale.

5. Usate i punti elenco per convertire la copia lunga in copia breve. Se una lunga copia di

vendita sta convertendo male, allora cambiala in una più breve. Questo ha il potenziale per cambiare le cose e permetterci di aumentare il tasso di conversione.

Praticando queste regole in modo coerente nei punti elenco, la qualità delle nostre pagine di vendita migliorerà nel tempo. Si tratta semplicemente di fare pratica e osservare coloro che usano bene questa strategia.

Come usare i sottotitoli

Un equivoco comune tra i nuovi Copywriter è che i sottotitoli non siano importanti. Molti ritengono che tutto ciò che un buon pezzo richieda sia un titolo forte, un'introduzione convincente e una potente chiamata all'azione. In realtà, non c'è niente di più sbagliato. I sottotitoli sono importanti, addirittura fondamentali, perché permettono ai lettori di scremare tra gli articoli e sceglierli solo per i punti importanti. Se il nostro testo consiste in un paragrafo dopo l'altro senza una struttura ben definita, le uniche persone che si fermeranno a leggere saranno quelle che hanno lo stomaco per una prosa lunga e un interesse molto forte per il nostro prodotto o servizio. Il ché non è affatto un buon risultato e significa, in altri termini, che molti consumatori scivoleranno attraverso le crepe, ovvero svaniranno nel nulla. E quando le persone scivolano attraverso le crepe, i loro soldi scivolano attraverso le crepe con loro.

In breve, il sottotitolo rende più facile per le persone cercare le informazioni di cui necessitano ed usarle quelle per prendere una decisione definitiva d'acquisto. Quando si tratta di usare i sottotitoli, raccomandiamo di seguire 7 accorgimenti importanti:

1. Usiamo un carattere grande e in grassetto che sia più piccolo del nostro titolo, ma molto più grande del corpo del testo.

2. Dichiariamo il beneficio più importante che si potrà trarre dalla lettura della prossima sezione del nostro testo. Per esempio: "Rivelerò un segreto che spingerà i tuoi profitti nella categoria delle sei cifre". Nella sezione successiva andremo poi a discutere precisamente di quel segreto.

3. Pensate ai sottotitoli come una mappa stradale per i vostri lettori. Con questo in mente, cercate di trasmettere le informazioni più

importanti su ciò che avete da dire senza usare inutili giri parole.

4. Inseriamo prima i sottotitoli più scioccanti e più potenti (insieme alle le sezioni appropriate) e i punti elenco meno potenti dopo. Se le persone vedono prima i benefici apparentemente più deboli, potrebbero non essere motivati ad andare avanti.

5. Provate a riempire i vostri sottotitoli con trigger psicologici. Parole ed espressioni come scioccante, scientificamente provato, potente, esplosivo, segreto, nascosto, gratuito e limitato genereranno risposte positivi dei lettori.

6. Mantenete i sottotitoli brevi. L'obiettivo è quello di rendere facile e non dispendioso in termini di tempo per i lettori, scorrere il nostro testo e decidere di comprare. Aiutiamoli a raggiungere questo obiettivo creando sottotitoli brevi e nitidi.

7. Cerchiamo di emulare lo stile dei Copywriter

più esperti. Osserviamo come usano i sottotitoli nei loro lavori e cerchiamo di importare i loro metodi.

In breve, i sottotitoli sono un mezzo potente per organizzare il nostro lavoro. Usiamoli saggiamente e frequentemente e renderemo le nostre pagine di vendita più intellegibili e produttive.

Usare correttamente grassetto ed evidenziazione

Come ho detto prima, scrivere un saggio e scrivere un testo con obiettivi di vendita richiede abilità simili ma obiettivi distinti. Se stessimo scrivendo un saggio, sarebbe considerato poco sofisticato utilizzare il grassetto, evidenziare o mettere in corsivo alcuni tipi di parole o frasi. Al contrario, quando si sta scrivendo per vendere, è sia comune che utile mettere un accento grafico sulle parole più importanti, o chiave. Se chiedete alla maggior parte dei Copywriter consiglio su questo punto, vedrete che il loro ragionamento è piuttosto semplice: se si mette in grassetto o si evidenzia qualcosa, gli scrutatori lo vedranno.

Proprio come abbiamo creato i sottotitoli per dare ai consumatori una mappa stradale per navigare attraverso il nostro testo, dovremmo anche scegliere quali parole o frasi mettere in grassetto, in corsivo e cosa evidenziare per dare informazioni aggiuntive sul nostro prodotto.

Nell'elenco qui sotto, vedremo 3 degli aspetti più importanti da tenere in mente quando intendiamo valorizzare i punti chiave delle nostre copie:

1. Non modificate i caratteri del testo finché non avrete finito di scriverlo. Dovrete poi rileggere l'intera lettera di vendita almeno una volta e, strada facendo, capire quali elementi sono più importanti di altri. Siate parsimoniosi e evidenziate solo ciò che pensate sia veramente importante.

2. Per creare un effetto più forte, cercate di mettere in grassetto o evidenziare le parole alla fine delle frasi.

3. Una volta che avrete deciso i vostri mark-up iniziali, leggete di seguito solo i sottotitoli e il testo marcato. Se vi sembra che una lettura

rapidissima del vostro testo fornisca una quantità sufficiente di informazioni per poter prendere una decisione d'acquisto, allora probabilmente avete fatto un ottimo lavoro. In caso contrario, è il momento di rielaborare i grassetti, corsivi ed evidenziazioni.

In sintesi, i mark-up sono molto importanti. Essi rendono semplice per chiunque l'attività di scremare e catturare informazioni importanti per il processo di acquisto. Quindi, la prossima volta che starete rielaborando una copia destinata alla vendita, assicuratevi di mettere enfasi sui mark-up. Assicuratevi di averli fatti bene e assicuratevi che stiano fornendo informazioni utili al lettore.

Chiudere una vendita: le Call to Action

Non pretendo che chiudere una vendita sia l'unica cosa importante. Infatti, molti dei visitatori che leggeranno la nostra pagina di vendita se ne andranno senza comprare, per poi tornare un altro giorno per definire invece l'acquisto.

Piantare il seme della curiosità a volte può essere tanto importante quanto chiudere direttamente la vendita al primo tentativo.

Tuttavia, quando si tratta di scrivere copie per il commercio, chiudere la vendita è un aspetto essenziale. Se siamo bravi a farlo i lettori diventeranno acquirenti, se non lo siamo, i lettori spariranno e non è detto che decidano di tornare.

Quindi, come possiamo aumentare la pressione sul consumatore e chiudere le vendite?

In questa sezione mostreremo due strategie.

Mantenere l'interesse del lettore

Quando si tratta di chiudere le vendite, poche cose sono più importanti del mantenere sempre vivo l'interesse dei lettori. Se i nostri lettori si annoiano presto a causa di un testo scadente, non c'è quasi nulla che si possa fare per farli tornare in vita e, con ogni probabilità, se ne andranno molto prima di aver letto anche solo un quarto del nostro discorso. Al contrario, se afferriamo i lettori dall'inizio e aumentiamo il tono man mano che il testo va avanti, essi non avranno altra scelta che restare nei paraggi, e lo faranno non per darci il beneficio del dubbio, ma perché credono veramente che comprare ora significhi un sicuro beneficio per le loro vite.

Quindi, la domanda da porsi è: come possiamo mantenere l'interesse dei lettori e incoraggiarli a tornare? Suggeriamo in tal senso di seguire i prossimi cinque passi:

Step #1. Trattare dei benefici e delle caratteristiche del prodotto in ordine di importanza

Iniziamo con il beneficio più importante del nostro prodotto e, di seguito, elenchiamo quelli sempre meno importanti. Questo è lo stile di scrittura più usato nei giornali, poiché l'idea è quella di concentrarsi sul mantenere l'interesse di una persona il più a lungo possibile. Nei quotidiani si può iniziare leggendo i primi paragrafi di un articolo e, se la storia sembra buona, si può continuare a leggere fino alla fine. Se invece ci stufiamo presto, almeno avremo ottenuto dai titoli le informazioni più importanti di cui abbiamo bisogno. Questa tecnica permette ai clienti più motivati per l'acquisto di smettere di leggere rapidamente e altrettanto rapidamente passare al pagamento.

Step #2. Modifichiamo le nostre copie di vendita

Praticamente senza eccezioni, la prima stesura di ogni testo è troppo verbosa e contiene troppe frasi di riempimento, inutili, pesanti e noiose. Quindi, una volta che avremo finito di costruire la nostra copia, leggiamola una seconda volta e, ove possibile, cerchiamo di eliminare qualsiasi materiale di riempimento in modo da sottolineare solo ciò che è più potente.

Step #3. Non lasciamo che le nostre copie perdano di intensità

È vitale che le nostre copie di vendita non perdano forza nel tempo. Sforziamoci di sostenerla introducendo col tempo, se è il caso, ulteriori benefici che meglio si adattano alle necessità del consumatore.

Step #4. Usiamo i bonus per mantenere vivo l'interesse dei lettori

Dopo aver finito di dettagliare tutti i grandi benefici del nostro prodotto, iniziamo a buttare dentro dei bonus, ovvero delle informazioni complementari ed utili, mentre ci avviciniamo alla fine della stesura. I bonus possono fare molto per rendere più piccante il tuo lancio del prodotto e convertire acquirenti improbabili in acquirenti definitivi.

Step #5. Introduciamo il prodotto alla fine della copia

Invece di aprire il nostro articolo con il nome e lo scopo esatto del prodotto in vendita, introduciamolo discutendo di un problema specifico che il lettore ha e che intende risolvere. Man mano che andiamo avanti, suggeriamo come quel problema potrebbe essere superato alludendo sottilmente a strategie e metodi dettagliati nel prodotto. Infine, una volta che abbiamo costruito un problema e ragionato sui metodi per contrastarlo, introduciamo il nostro prodotto come la soluzione definitiva a tutto.

In sintesi, cerchiamo sempre di mantenere alto l'interesse del lettore. Consideriamo come una parte vitale della creazione di una copia di successo, la vivacità e l'efficacità delle sue parole.

Usare correttamente le Call to Action

Un'altra parte importante della chiusura della vendita è l'uso di una potente Call to Action. Se non avete familiarità con il termine, una Call to Action indica semplicemente al lettore di comprare e, specificatamente, di comprare ora. Sfortunatamente, molti Copywriter non riescono ad avere successo in questo importante fase del loro mestiere, ovvero non sembrano in grado di costruire testi adatti a spingere i lettori a diventare acquirenti. Se vi trovate in questa situazione, come al solito, proponiamo alcuni passi da seguire per migliorarvi:

Step #1. Dire al lettore esattamente cosa fare

Di solito questa è la parte facile. Vogliamo semplicemente che il lettore si fermi a leggere e che passi poi subito all'acquisto. In alcune situazioni, tuttavia, il nostro obiettivo può essere un po' più sottile. È ciò che avviene per esempio, quando vogliamo che il lettore partecipi ad un conto alla rovescia per un acquisto, o quando desideriamo che si iscriva alla nostra Newsletter o alla nostra pagina. Qualunque cosa si desideri che facciano, assicuratevi di chiarire questo obiettivo prima di tutto per voi stessi. Una volta fatto questo, inserite il concetto nel testo ripetutamente e chiaramente. Dite ai lettori con assoluta precisione cosa dovranno fare, quando, come e perché, senza mezzi termini.

Step #2. Circondare la Call to Action con testo di supporto

Chiamare semplicemente le persone all'azione non è sufficiente. Se la nostra chiamata all'azione non è circondata da un testo pertinente e incoraggiante, può rischiare di non raggiungere l'obiettivo desiderato risultando grottesca e fuori luogo. Spieghiamo invece sempre, e bene, perché i problemi che si incontrano è improbabile che vengano risolti con altri prodotti. Nel momento in cui si arriva alla chiamata all'azione, il lettore dovrebbe essere ormai pronto a comprare.

Step #3. Rendiamo facile l'esecuzione della Call to Action

Se la vostra Call è difficile da seguire, aspettatevi che poche persone la seguano. Al contrario, se la chiamata all'azione è semplice e diretta, in molti state certi che la seguiranno. Questo è solo il modo in cui possono funzionare le cose. Per esempio, se dite ripetutamente alle persone di comprare ora, cercate di fornirgli anche un link che permetta loro di compiere l'azione immediatamente. Non vi accontentate semplicemente di inserire un unico pulsante "Compra ora" in fondo alla pagina, ma corredate il vostro testo di numerosi link che permettano, e spesso, l'accesso diretto alla pagina di acquisto.

In sintesi, una Call to Action potrebbe rendere inefficace una copia altrimenti brillante.

CAPITOLO 5

Passiamo all'azione: metodo AIDA e una strategia di 30 giorni

Finora abbiamo esaminato una vasta gamma di strategie diverse che possiamo usare per aumentare i tassi di conversione e, in generale, per rendere le lettere di vendita più coerenti e più efficaci. Una cosa che è stata vistosamente assente in tutte queste pagine, si tratta del metodo AIDA (Attenzione, Interesse, Decisione, Azione).

Se siete Copywriter relativamente esperti, c'è un'ottima probabilità che conosciate e abbiate usato il metodo AIDA. Tuttavia, se non ne avete mai sentito parlare, non preoccupatevi, il nostro ultimo capitolo è dedicato proprio a questo. Come detto, AIDA è un acronimo:

Attenzione

Quando si tratta di scrivere una copia per la vendita, il metodo AIDA ci dice di concentrarci prima di tutto sull'attenzione. Perché? Semplice, perché se non riusciamo a catturare l'attenzione di una persona fin dal primo momento, non ha senso andare avanti con il nostro discorso. Indovinate da dove si inizia a lavorare sull'attenzione? Ebbene sì, ovvio, proprio dal titolo. Come abbiamo detto prima, infatti, l'attenzione di un lettore inizia fin dal primo secondo e un buon titolo è la differenza tra una copia che converte l'1% e una copia che converte il 5%. Se catturiamo l'attenzione del consumatore immediatamente con il titolo, allora il resto della copia ci servirà solo per convincerlo a comprare immediatamente. Naturalmente l'attenzione non si conclude con le parole del titolo e starà a noi mantenerla alta in ogni singola parte del nostro lavoro.

Interesse

Il secondo componente del metodo AIDA coinvolge la costruzione dell'interesse. Questo processo, generalmente, si divide in tre step differenti:

Step #1. Introdurre un problema

Se abbiamo fatto correttamente la nostra ricerca di mercato, abbiamo anche capito su quali problemi inciampano continuamente i clienti del settore di vendita. Per esempio, se siamo nella nicchia del golf, i nostri clienti probabilmente lotteranno per mettere le loro palle in buca il più rapidamente possibile. Ebbene, il nostro prodotto è sicuramente progettato per affrontare almeno uno dei tanti problemi che i clienti della nostra nicchia incontrano continuamente. Facciamo un esempio: "Hai problemi con il putting? Il tuo gioco mentale non è abbastanza potente? Se è così, potresti soffrire di...". Dopo questa frase spiegheremo il problema tipico incontrato dai consumatori e ne tracceremo le soluzioni.

Step #2. Introdurre una soluzione al problema

Ora, per ottenere l'interesse dei lettori, dovremo introdurre una soluzione al suddetto problema. Una volta fatto questo, il lettore comincerà a nutrire nuove speranze, a fantasticare di potersi migliorare con una spesa immediata. Si consiglia, naturalmente, di muoversi sottilmente nella direzione del nostro prodotto, ovvero non introducendolo fin da subito. Cerchiamo di far comprendere al lettore che siamo lì per aiutarlo

Step #3. Introdurre il nostro prodotto come la soluzione

Ora che i lettori hanno passato del tempo a leggere del problema in questione e hanno considerato le soluzioni che voi gli avete suggerito, è il momento di costruire un ponte solido tra i due. Concentriamoci sui benefici, a corto e lungo termine, che il possibile acquirente potrebbe ricavare dall'acquisto rapido nella vita privata, nel lavoro, nello sport, ecc. Possiamo farlo con semplicità, spiegando in parole semplici i reali cambiamenti che avverranno.

Decisione

In questa fase del metodo si passa dalla presentazione del prodotto come soluzione al problema, all'introduzione di informazioni e materiale di supporto adatto per approfondire meglio la conoscenza del prodotto stesso. Il nostro obiettivo sarà quello di massimizzare le probabilità di vendita e, per farlo, offriremo abbondante quantità di materiale a supporto delle nostre parole: novità, raffronti, benefici, bonus, opportunità, ecc.

Azione

La parte finale dell'AIDA consiste nel dire alle persone di agire. In altri termini, questa è la nostra Call to Action che, non solo dovrebbe includere più link in tutto il corpo della copia, ma dovrà anche avere un finale e ben esposto "Compra ora" in fondo alla pagina. L'azione dovrebbe anche includere un p.s. e un p.p.s. dopo la firma del testo.

Una strategia di Copywriting da testare nei prossimi 30 giorni

Abbiamo ora esaminato una robusta panoramica su come diventare un maestro Copywriter. Abbiamo discusso i metodi specifici, le strategie generali e i dettagli. Abbiamo anche discusso delle insidie di certi approcci e ora, con tutta queste nuove conoscenze, passiamo all'ultimo e definitivo step che vi permetterà di potenziare in maniera sensibili il vostro lavoro.

Suddivideremo le fasi della strategia in settimane:

Settimana #1. Lavoro sulle abilità di base e sulle ricerche di mercato

Per almeno i primi tre giorni della settimana #1, concentratevi solo sulle competenze di base. Leggete più che potete e fate esercizi pratici e sistematici per aggredire le vostre debolezze grammaticali e stilistiche.

Siate severi con voi stessi e, se lo ritenete opportuno, chiedete a qualcuno di rileggere le vostre copie e di esprimere un suo parere.

Nel mentre che compirete queste attività, iniziate gradualmente la vostra ricerca di mercato. Se avete la possibilità, trascorrete del tempo conducendo sondaggi con la vostra clientela già esistente.

Cercate di estrapolare informazioni da loro e di imparare il più possibile, servitevi in tal senso anche dei Forum e non dimenticate di prendere più appunti possibile.

Settimana #2. Redazione di due copie

Nella seconda settimana lavorerete un po'
meno sulle vostre abilità di base e vi sforzerete
di metterle in pratica redigendo due copie.

Per farlo avrete ora a disposizione i risultati delle
vostre ricerche di mercato e i vostri appunti,
oltre alle conoscenze appena acquisite.

Mettete in pratica il metodo AIDA in una delle
vostre prime due copie, mentre per l'altra usate
qualsiasi maniera vi sembri più opportuna per
raggiungere l'obiettivo della vendita. Così
facendo potrete monitorare i risultati dei vostri
testi seriamente e con efficienza.

Non esitate a servirvi dei trigger psicologici,
sviluppate i titoli con attenzione e
ponderatamente, usate i sottotitoli come una
tabella di marcia e fate attenzione alla vostra
scelta delle parole in grassetto, in corsivo e
sottolineate. Una volta che avete completato le

due lettere di vendita, fatele leggere ad altre persone e chiedete loro di criticarle severamente.

Settimana #3. Apportate modifiche e compilate un file Swipe

Ora che avrete ricevuto serie critiche per ciascuna delle pagine di vendita create, è il momento di iniziare a rivederle.

Naturalmente, non dovreste semplicemente prendere tutte le critiche come verità assolute, ma dovreste piuttosto evitare di mettervi sulla difensiva e ignorare importanti deficit della vostra copia.

Durante la terza settimana vi dedicherete ad apportare modifiche ai due testi e inizierete a compilare il vostro primo file Swipe, ovvero file di Scorrimento: si tratta essenzialmente di una raccolta di lettere pubblicitarie, o copie di vendita, testate e comprovate.

È bene averne sempre uno, o più, a portata di mano.

Sarà vitale potersi servire di copie potenti in maniera rapida ogni qual volta ne sentiremo la necessità.

Settimana #4. Lucidare le copie e pubblicarle

Nell'ultima settimana andremo a dare il tocco finale alle due lettere di vendita che abbiamo creato e le pubblicheremo.

Tenete sempre a mente un aspetto importante: se le copie non funzionano, ovvero non generano conversioni, non dobbiamo in alcuna maniera abbatterci, anzi, dobbiamo utilizzare i fallimenti e le critiche nella maniera più costruttiva possibile.

Durante questa quarta settimana è opportuno lavorare sui testi in maniera puntuale, frase per frase, a partire dal titolo e dal sottotitolo, senza tralasciare alcun dettaglio per quanto insignificante possa sembrare.

Settimana #5. Pratica, perfezionamento, monitoraggio e test

Dalla settimana cinque in poi, il vostro obiettivo dovrebbe essere quello di mettere in pratica le vostre abilità, di perfezionare le lettere commerciali esistenti e testarle per monitorarne infine i risultati.

Dopo aver letto questa guida spero che abbiate imparato molto su ciò che significa essere un Master Copywriter: non si tratta solo di essere uno scrittore solido che conosce e adopera con intelligenza una buona grammatica, ma essere un Master Copywriter vuol dire anche avere completa padronanza di un'ampia varietà di tecniche e strategie di vendita. Non dobbiamo solo sapere come creare inneschi psicologici e costruire titoli vincenti, ma dobbiamo anche avere piena padronanza del potere di titoli e sottotitoli.

I consigli che possono essere dati ai principianti sono tanti e, per la maggior parte, sono contenuti nelle pagine di questo libro. Tuttavia, per concludere, ci sentiamo di confidarvi il suggerimento più importante di tutti, la chiave del successo: armatevi di pazienza, disciplina e tanta, tantissima, umiltà!

www.ingramcontent.com/pod-product-compliance
Lightning Source LLC
Chambersburg PA
CBHW070612220526
45467CB00003B/1398